Ulrich Karger Peter Karger

Herr Wolf

kam nie nach Berchtesgaden

Ein Gedankenspiel in Wort und Bild

Edition Gegenwind
Books on Demand

Zum Buch:
Zwei ungleiche Brüder – ein Schreiber, ein Maler. Ein klingender Satz eröffnet ein Gedankenspiel. Die Ideen fliegen gleich Federbällen hin und her, schreibt der eine von nie Dagewesenem, fallen dem anderen immer mehr Bilder aus dem Rahmen – mitten ins Ziel, daraus ein Buch zu machen und aus dem Satz seinen Titel …
„Herr Wolf kam nie nach Berchtesgaden“ hat als erste Gemeinschaftsproduktion der Brüder Peter und Ulrich Karger ihren gemeinsamen Herkunftsort zum Thema. Kein Wunder – bietet er doch wie kaum ein anderer Ort Höhen (Watzmann) und Tiefen (Königssee), deren Reiz sich auch im Aufeinandertreffen von Einheimischen und deren touristischen Gästen spiegelt.
Homepage: **www.herr-wolf-kam-nie.de.vu**

Über den Autor:
Ulrich Karger hat Bücher für Kinder und Erwachsene geschrieben. Eines seiner erfolgreichsten Werke ist die vollständige Nacherzählung von Homers Odyssee, die im gesamten deutschen Sprachraum von der Kritik mit viel Beifall bedacht wurde. Zudem hat er für zahlreiche Tageszeitungen und Stadtmagazine Literaturrezensionen verfasst, seit 1995 vornehmlich für den Berliner Tagesspiegel und sein Internet-Archiv „Büchernachlese“.
Ulrich Karger lebt in Berlin und unterrichtet Religion an einer Schule mit sonderpädagogischen Förderschwerpunkten.
Homepage: **www.karger.de.vu**

Über den Maler:
Peter Karger, Studium an der Akademie d. Bildenden Künste München bei Karl-Fred Dahmen. Seit 1976 Lehrauftrag für Kunst und Theater am „Skigymnasium“ der CJD Christophorusschulen Berchtesgaden. Er unterhält Ateliers in Buje (Istrien) und in seinem Wohnort Berchtesgaden. Ausstellungen im In- und Ausland.
Große Beachtung finden u.a. seine „ErdLichtBilder“. Nicht wenige dieser Werke, in denen Fotografie, istrianische Ackererde und Acryl eine neue, malerische Verbindung eingehen, sind auch im Besitz von prominenten Kunstsammlern wie Reinold Würth und Altkanzler Gerhard Schröder.
Homepage: **www.salz-der-heimat.eu**

Achtung: Satire!

Edition Gegenwind
Books on Demand

FSC
www.fsc.org
MIX
Papier aus verantwortungsvollen Quellen
Paper from responsible sources
FSC® C105338

Bibliographische Information der Deutschen Bibliothek:
Die Deutsche Bibliothek verzeichnet diese Publikation in der Deutschen Nationalbibliographie; detaillierte Daten sind im Internet abrufbar über: <http://dnb.ddb.de>.

Originalausgabe
Edition Gegenwind
www.edition-gegenwind.de.vu

Herstellung und Verlag: Books on Demand GmbH, Norderstedt 2012

ISBN 978-3-8482-1375-7

Ulrich Karger Peter Karger

Herr Wolf
kam nie nach Berchtesgaden

Ein Gedankenspiel in Wort und Bild

Inhalt

Edition Gegenwind im Verlag
Books on Demand, Norderstedt

Herr Wolf kam nie nach Berchtesgaden?

Ein klärendes Vorwort

Mit dem im Titel angesprochenen „Berchtesgaden" kann natürlich nicht das real in Oberbayern existierende Berchtesgaden gemeint sein. Denn wie jeder Kenner dieses Ortes weiß, ist „Herr Wolf" dorthin nicht nur nicht nie, sondern weit mehr als ein Mal gekommen.

Schlimmer noch: Er hat dem Ort nachhaltig seinen Stempel als zweiten Regierungssitz des nationalsozialistischen Deutschen Reiches aufgedrückt. Unter diesem Stempel leidet Berchtesgaden bis zum heutigen Tage. Gerade wegen der jährlich nach Hunderttausenden zählenden Touristen.

Gar grässlich allen Berchtesgadenern die Vorstellung, so manche ihrer Gäste könnten nostalgisch verwerflicher Ehrbezeugungen für diesen Verführer aller Deutschen nachgehen. Womöglich auf dem einstigen Areal des „Führersperrgebietes" am Obersalzberg, insbesondere auf dessen mit einem Fahrstuhl zugänglich gemachten Gipfel samt Kehlsteinhaus – kein Wunder, dass sich die Berchtesgadener mehr als 50 Jahre dagegen wehrten, ein Dokumentationszentrum zu Füßen dieses Hauses auf jenem Berggipfel zu errichten. Eine solch geballte Zurschaustellung in Berchtesgaden angeordneter und unterzeichneter Gräuel – das hätte ja dann wieder völlig falsch verstanden werden können.

In diesem Buch wird nun in Wort und Bild ein Gedankenspiel gewagt, dass dem Leiden der Berchtesgadener etwas Linderung zu verschaffen sucht. Denn die ehrwürdigen Einwohner des Ortes hätten sich doch nichts weniger gewünscht, als dass der, dessen Klarnamen sie weder aussprechen noch hören wollen, doch gar nie diesen von Gott so reichlich mit Bergen, guter Luft und sauberem

Wasser gesegneten Flecken betreten hätte. Aus Rücksicht darauf wird er hier wie schon im Titel nur mit dem von ihm des Öfteren genutzten Pseudonym „Herr Wolf“ benannt.

Muss noch betont werden, dass auch Spiele Regeln unterworfen sind? Dieses Gedankenspiel kann das eine ausmalen, ist aber doch den sonstigen realen Gegebenheiten der Welt und dieses Ortes unterworfen. Denn alles andere wäre ja eine Anmaßung gegen den Willen Gottes, sich schon zu Lebzeiten ein Paradies auf Erden einrichten zu wollen. Dennoch könnte jedwede Ähnlichkeit mit lebenden Personen nur rein zufällig und unbeabsichtigt zustande gekommen sein, wären diese ja in Wirklichkeit gewiss ganz anders. Das passt auch zu der hier geltend gemachten Weisheit Alexander Spoerls:

„Erstens kommt es anders und zweitens als man denkt ...“

Ulrich Karger, Berlin 2012

Ausklang

Die Gemeinderatssitzung war in den letzten Zügen. Da trotz Zugang für die Öffentlichkeit weder nicht gewählte Einheimische noch Touristen ihren Weg in den Sitzungssaal gefunden hatten, lockerte sich auch der vereinbarte Sprachcode der einundzwanzig Volksvertreter wieder etwas. Dennoch war die Mehrheit der Anwesenden um ein artikuliertes Hochdeutsch bemüht – zu Übungszwecken für den Fall des Falles, dass sich doch irgendwann einmal ein Tourist nicht bairischer Zunge hierher verirrte.

Das kennzeichnete nun auch das Fazit des Bürgermeisters:

„Sind ma uns also wieder mal einig, dass ma uns net einig sind?"

Viele der entkräfteten Gemeinderäte grinsten nur zustimmend, die erfahreneren, insbesondere aus dem traurigen Häuflein der linken Opposition ahnten einen Strategiewechsel mit noch unbekanntem Ziel. Mehr als ihre Mienen ins Mürrische zu verziehen, blieb ihnen jedoch nicht. Noch nicht, wie sie nicht das erste Mal hofften.

Letztlich ging es ja immer nur um das Eine: Wie ließen sich noch mehr zahlungskräftige Gäste nach Berchtesgaden locken?

Das Salzbergwerk - Gott habe Propst Heinrich I. selig, der das entsprechende Verfügungsrecht für Berchtesgaden der „Goldenen Bulle" des Kaisers Friedrich Barbarossa noch „anzuhängen" wusste -, das Salzbergwerk war zwar schon immer ein gutes Pfund gegen die Verarmung des Ortes gewesen, aber allein reichte es bei weitem nicht aus.

Die hiesige Landwirtschaft brachte seit jeher nie mehr als einen Nebenerwerb ein, der sich nur durch Zusatztätigkeiten ins Auskömmliche steigern ließ. Gut zwei Jahrhunderte lang erlaubte es neben dem Salzbergwerk das in Heimarbeit gefertigte Holzspielzeug, dessen Produktion dann aber wegen der entwicklungsfreudigeren Konkurrenz in Nürnberg eingestellt werden musste. Zu der gehörten nicht wenige dorthin emigrierte Protestanten Berchtesgadener Herkunft, nachdem 1788 freudig vermeldet worden war, dass „jeder Schatten von verdächtigem Glauben“ aus dem Fürstpropstum Berchtesgaden vertrieben sei. Vor hundert Jahren kam dann zwar ein findiger Kunstmaler auf die Idee, diese Tradition wieder zu beleben, indem er das Holzspielzeug an Fichten und Tannenbäume hängte und damit den „typischen“ *Berchtesgadener Christbaum* kreierte – doch der regionale Markt war inzwischen längst gesättigt und die frommen Berchtesgadener wollten sich partout keinen Zweitchristbaum zulegen.

Die wenigen Dienstleistungsfirmen schließlich waren, was Arbeitsplätze und Steuereinnahmen anging, auch nur ein Tropfen auf dem heißen Stein und an Großindustrie gar nicht erst zu denken – nicht zuletzt auch, weil die den weiter auszubauenden Wirtschaftsfaktor Tourismus bedrohen würde. Und der wurde bislang vor allem mit drei Argumenten bedient: Berge, frische Luft, sauberes Wasser.

Darin waren sich die Berchtesgadener mit den Nachbargemeinden einig – obwohl Hauptattraktionen wie der Königssee samt seiner Kiosk bewehrten Seelände außerhalb des Zugriffs der Berchtesgadener Gemeindekasse lagen.

Deshalb schob der Bürgermeister seinem Fazit jetzt auch einen lockenden Halbsatz nach, der jedem Zustimmung abverlangte und zugleich neugierig machte. Er bildete das Präludium einer Beschlussfassung, von der gewiss noch viele Generationen später Hymnen singen würden.

„Is scho bleed …“

Prompt wurde mehrstimmig nachgefragt, was denn abgesehen von seinem letzten Spruch noch blöd sei. Und das beantwortete der Bürgermeister nun sibyllinisch eindeutig:

„Wenn da Dings wenigstens einmal bei uns gewesen wär' - dabei hätt' er sich bei uns sogar mit vollem Namen einschreiben können. Aber nicht einmal als Herr Wolf is' er kemma, gekommen."

Der zu erwartend ignoranten Nachfrage eines kommunalen Nachwuchspolitikers aus den eigenen Reihen, was denn dann groß anders wäre, donnerte er noch sibyllinisch eindeutiger entgegen: „Bist damisch? Dees waa, das wäre aber schon ein solcher Unterschied, aber schon ein solchana!"

Der Nachwuchspolitiker rettete sich daraufhin geschmeidig ins Halboffene mit einem: „Du meinst …"

Da senkte der Bürgermeister seine Stimme wieder ins versöhnlich Geheimnisvolle: „I sog bloß: Amis und Japaner!"

Auf die Einwendungen, ob die Saupreußen nicht schon schwer genug zu ertragen wären, und was denn nun die Amerikaner und Japaner am Herrn Wolf so attraktiv fänden, dass es sie wegen ihm nach Berchtesgaden drängen würde, verlegte sich der Bürgermeister auf das Anschauliche eines konkreten Beispiels.

„Die würden sich des anschauen wollen, wo er dann gewesen wäre. Vielleicht wie bei der Berliner Mauer: Stückerl vo de Wänd vo dem Haus kaufen, in dem er gewohnt hätte, oder so …"

Blödeleien, wie die aus der „linken" sozialdemokratischen Ecke, dass die Hauswände ja dann irgendwann zusammenfallen würden, waren alsbald mit einem Exkurs in die Hochrechnung von Kriegsereignissen abgeschmettert. Denn natürlich hätten die Amerikaner dieses eine Haus des

Herrn Wolf zum Ende hin in nahezu verkaufsfertige Stückgrößen zerbombt. Einen kleinen Höhepunkt dieses Geplänkels setzte dann nur noch die Frage: „Und wer sagt, dass de dann bloß eine Bombe geschmissen hätten? In München war's ja auch net nur eine."

„Ja, in München …"

„Wos soll'n des scho wieda heißen?"

„Wir sind hier ja eher net in München …"

„Und?"

„Nix und! Bei unseren schönen Bergen, unserer guten Luft und dem sauberen Wasser hätten die gewiss nicht mehr als eine Bombe fallen lassen."

„Jo eh …"

Und schon spann der Bürgermeister seinen Faden immer weiter und hängte daran noch viele Perlen konkreter Beispiele, wie der Herr Wolf für die Berchtesgadener und insbesondere für alle anwesenden zum Gewinn werden könnte. Amerikaner und Japaner gab es viele, und wenn die sämtlich wegen Herr Wolf nach Berchtesgaden kommen würden – einer solchen Entwicklung wollte sich am Ende selbst die Opposition nicht verschließen.

Und tatsächlich, nur wenige Stunden später hatte der selten wie nie an einem Strang ziehende Gemeinderat ein Konzept entwickelt, das wenige Wochen später seine Umsetzung fand. Allein das schon ein Meilenstein in der Geschichte dieses Gremiums, der nur noch von dem Ergebnis selbst übertroffen werden sollte.

Der Findling

Der Bürgermeister vorneweg, hat sich der Gemeinderat in der Fußgängerzone vor dem Café Waldinger eingefunden. Diese Exkursion war angemessen vorbereitet. Das Hofbrauhaus hatte bereits drei Tragerl Bier, ein Tragerl Limonade und ein Tragerl stilles Mineralwasser angeliefert, da reichte schon der Lehrling einer nahen Metzgerei den offiziellen Zeitzeugen Leberkäs-Semmeln à la minute zum sofortigen Verzehr. Das Timing perfekt, waren die Semmeln kaum verdrückt und der Senf aus den Mundwinkeln gewischt, fuhr an ihnen die Vorhut eines mit Blaulicht Achtung gebietenden Fahrzeuges der Marktpolizei vorbei. Dem schloss sich kurz dahinter ein Tieflader an, dessen Fahrer die Bremshydraulik genau neben den wartenden Volksvertretern zum Zischen brachte.

„Is scho a Mordstrum!“
„Jo mei, ein Kieselstein langt da halt nicht!”
“Holts lieber eure Kameras raus, des ist jetzt der einmalige historische Augenblick.”

Auf diesen Zuruf nestelten die darauf Angesprochenen Kameras verschiedener Maße und Qualitäten hervor und begannen das Fahrzeug samt seiner Ladung zu fotografieren. Manche machten es nach Manier eines Schnappschusses, standen stocksteif da und knipsten einfach drauflos. Andere suchten sich nähernd, dann wieder entfernend, den Kopf erst auf die eine dann die andere Seite legend nach der einen wahren künstlerischen Perspektive. Einige knieten sich ehrfürchtig hin, wieder andere legten sich sogar auf die vorsorglich vom steinernen

RATHAUS

Fußgängerzonenbelag befreite Bodenfläche, um ihrem Bildausschnitt des hoch über die Ladefläche aufragenden Objekts wenigstens noch einen schmalen Streifen des weiß-blauen Himmels anzufügen.

Der den Augenblick und damit den Ort künftig historisch aufwertende „Wolfsstein" war ein granitgrauer Findling von etwa zweieinhalb Metern Breite und zwei Metern Höhe. Auf dem Laster nahm er sich trotz seiner rauen Oberfläche wie ein hingelegtes Riesenei aus. Es sollte alsbald in der einst verkehrsreichen Maximilianstraßenbiegung abgelegt werden und Geschichte bezeugen. Nicht zuletzt eine Geschichte, die dem Genius des einstimmig vom Gemeinderat damit beauftragten Lokalredakteurs vom hiesigen Anzeigenblatt entsprungen ist.

Es folgte ein dröhnendes, Nerven zermürbendes Auf und Ab des nahezu zeitgleich aus entgegen gesetzter Richtung angeforderten Spezialkrans. Aus der in immer größerer Zahl angewachsenen, bis dahin mit perplexen Mienen schweigenden nicht-offiziellen Bevölkerung machte sich jedoch erst jemand nach Abzug von Tieflader und Spezialkran Luft.

„Jo, seids es hiazt dodal duachdraht?", wetterte der Besitzer des Cafés und drückte damit seinen an Gewissheit grenzenden Zweifel am Verstand der Gemeinderäte samt Bürgermeister aus. Und nach dieser Einleitung fragte er gleich nach, ob seine Gäste jetzt bloß noch auf den blöden Stein starren sollen.

„Was heißt da bloß?", fragte der Bürgermeister nach. „Außerdem haben wir das mit dir eingehend besprochen und dir Kompensationsleistungen zugesagt."

Sinngemäß darauf der Cafébesitzer: „Aber doch nicht für einen derartigen Monsterfelsen! Da müsste ich da draußen ja am helllichten Tag Kerzen anzünden. Da kann ich die Gäste ja gleich in den Keller bitten …"

Darauf der Bürgermeister: „Jetzt halt die *Bappn* und warte erst mal ab. Du wirst schon noch sehen, der „Wolfsstein" wird auch dein Schaden nicht sein."

Und wie so oft, sollte der Bürgermeister Recht behalten.

Die Einweihung

Erst schien sich die Anordnung der Bestuhlung für diese Feierlichkeiten äußerst schwierig zu gestalten, doch dann hatte der Bürgermeister eine so einfache, wie einleuchtende Lösung des Problems gefunden. Fürs Erste war eine provisorische Treppe gebaut worden, die den Zugang auf den „Wolfstein" erheblich erleichterte. Auf dem Findling selbst hatten bis zu vier Personen bequem Platz, um einigermaßen ungefährdet das gewiss an die tausend wenn nicht mehr Menschen zählende Publikum in der Fußgängerzone rundherum anzusprechen und von ihm gesehen zu werden.

Die Kameras des Bayrischen Rundfunks sowie die zahlreich erschienenen Vertreter der Printmedien inklusive des Lokalanzeigers waren vor und an den Fenstern des Hotels Post gruppiert worden. Ein riesiger Digitalbildschirm vor dem Marktbrunnen im anderen Teil der Fußgängerzone erlaubte zudem in Echtzeit ein „Public Viewing" für jene, die keinen Platz mehr in Sichtweite der Redner gefunden hatten.

Dank der guten Verbindungen des Bürgermeisters hatten sich zur Einweihung schließlich nicht nur der Landrat und die üblichen Verdächtigen der regionalen Prominenz sondern sogar der Ministerpräsident des Landes herbemüht, um dem Wolfstein ihre Reverenz zu erweisen.

Nach den kulturellen Vorleistungen durch Marktkapelle und schuhplattelnde Trachtenvereine, drängelten sich zusammen mit dem Bürgermeister dann doch insgesamt fünf Mitglieder des Gemeinderats auf dem Findling, da bei diesem Ereignis keine Partei oder Wählergruppe auf nicht wenigstens einen ihrer Repräsentanten zu verzichten gedachte. Die Reihenfolge des Treppenaufstiegs ergab sich dann aus der jeweiligen Anzahl ihrer Sitze, so dass der

Cafe
Bistro

Bürgermeister als erster den Felsen erklommen hatte und sich nach seiner Begrüßungsrede mit einem souveränem Winken in die Kameras als letzter von dort wieder verabschiedete.

Dem Abstieg der Volksvertreter schloss sich der Aufstieg des Leopold Koslowski an, seines Zeichens Lokalredakteur des hiesigen Amts- und Anzeigenblattes.

Dessen Eltern waren zwar nur *Zuagroaste*, ihren Sohn haben sie aber bereits im hiesigen Kreiskrankenhaus das Licht der Welt erblicken lassen. Somit durfte sich Leopold Koslowski mit Fug und Recht als gebürtigen Ortsansässigen bezeichnen. Doch wiewohl er sich durchaus auch im Dialekt dieser oberbayrischen Marktgemeinde zu verständigen wusste, würde er mit der Berchtesgadener Nicht-Herkunft seiner Eltern zeitlebens gebrandmarkt bleiben. Dabei machte es für ihn und wohl auch noch für seine Kinder und Kindeskinder lediglich einen graduellen Unterschied aus, ob seine Eltern ihre Wurzeln außerhalb Deutschlands, Bayerns oder auch nur hinter dem Hallthurmer Berg hatten.

Wenngleich Leopold Koslowski darunter zuweilen nicht wenig litt, nutzte er die ihm aufgezwungene Außenseitersicht, um im „Berchtesgadener Anzeiger“ seiner nie nachlassenden Liebe zu dem Ort Ausdruck zu verleihen.

Das wiederum nötigte den Ortsansässigen dann doch genügend Respekt ab, um hin und wieder an ihren Stammtischen etwas zusammenzurücken und ihn sich dazwischenquetschen zu lassen.

Dankbar für die Brosamen derartiger Wertschätzung vermochte Leopold Koslowski denn auch schnell jedwede journalistische Bedenken hinsichtlich einer die Historie den Umständen „a wengal“ beugende Wahrheitsfindung zu überwinden. Im Auftrag des ihm gehörig schmeichelnden

Bürgermeisters der Ortschronik ein neues Kapitel anzufügen, würde zudem seinen Namen fürderhin untrennbar mit der Geschichte des Ortes verbinden.

Er war zum Salz in ihrer Suppe aufgestiegen – und für das Recht zur Salzgewinnung hatten hier ja bekanntlich schon die allerersten Stiftspröpste eine recht kreative Form der Ausdeutung kaiserlicher Urkunden gefunden.

Die Rede

Zu Anfang noch etwas nervös, strich Leopold Koslowski das Manuskript seiner Rede glatt und rückte sich das Mikrofon zurecht. Angesichts des hochrangigen Publikums und des mit der Rede verbundenen Ziels, war nun akzentfreies Hochdeutsch angesagt. Im Gegensatz zum Bürgermeister stand ihm diese Sprachalternative tatsächlich zu Gebote, und ein so routinierter Medienvertreter wie er wusste, wann was wie zu verlautbaren war.

„Sehr geehrter Herr Ministerpräsident, sehr geehrter Herr Landrat, sehr geehrter Herr Bürgermeister, sehr geehrte Gemeinderäte, liebe, hochverehrte Gäste!

Ich habe dafür zu danken, dass mir jetzt die Gelegenheit gegeben wird, der großartigen Geschichte Berchtesgadens ein weiteres, im wahrsten Sinne des Wortes, gewichtiges Kapitel anzufügen. Ein Kapitel, das uns allen, die wir die Marktgemeinde lieben und schätzen, hoffentlich auch neue, uns allen nutzbringende Wege zu weisen vermag.

Gesegnet mit einer natürlichen Umgebung, die schon Ludwig Ganghofer in einem seiner unsterblichen Werke hat ausrufen lassen: ‚Wen Gott lieb hat, lässt er fallen in dieses Land!' stehe ich hier also auf einem Findling, bei dem sich gewiss so mancher noch fragt, warum er nun gerade in den Kern dieses von Gott geliebten Ortes gefunden hat.

Was Ganghofer schon zu schätzen wusste - die Berge, die frische Luft, das saubere Wasser – all das haben wir sozusagen gratis und können es nach wie vor zum eigenen Nutzen und dem unserer Gäste pflegen und verwalten. Doch in der Bibel heißt es auch, dass gottgegebene Talente nicht nur zu verwalten sondern auch zu mehren sind.

Wir alle hier in Berchtesgaden mussten uns bis zum heutigen Tag den Vorwurf gefallen lassen, dass wir einen wichtigen Teil der Geschichte außen vor gelassen haben, die nicht nur Berchtesgaden, sondern Bayern und ganz Deutschland betraf.

Der Stein, auf dem ich stehe, ist nun der Anstoß, dieser Saumseligkeit ein Ende zu bereiten.

Wir hatten Glück, großes Glück!

Denn im Jahre 1922 wurde auch in Berchtesgaden die Ortsgruppe einer Partei gegründet, deren Namen ich hier nicht nennen will. Und bereits ein Jahr später hatte sich ihr oberster Agitator und spätere Weltkriegstreiber zu einem Besuch dieser Ortsgruppe und seinem vor der Staatsgewalt geflohenen Mentor angesagt.

Was wäre geschehen, wäre dieser Verbrecher tatsächlich nach Berchtesgaden gekommen – es ist kaum auszudenken! Womöglich hätte er, überwältigt von der Schönheit des Ortes und seiner Umgebung, nach seiner Machtübernahme hier einen zweiten Regierungssitz begründet, um Diplomaten und Minister anderer Länder von seinen jedwede Sitte und alle Menschlichkeit verachtenden Plänen ablenken zu können.

Und wer von seinen Plänen zur gigantomanen Ausgestaltung der damaligen Reichshauptstadt Berlin weiß, der würde sich auch kaum wundern, wenn er die natürliche Schönheit des Berchtesgadener Landes mit riesenhaften Bauten zu verschandeln gesucht hätte – womöglich hätte er noch Fahrstühle durch die Berggipfel getrieben und sich obendrauf Privatgemächer errichten lassen, damit er sich in seinem Größenwahn auch dort über alle anderen hätte erhoben sehen können.

Aber Gott hatte ihn nicht lieb! Er hat nicht ihn, sondern diesen Stein, auf dem ich stehe, fallen lassen!

Der Zug mit dem unerwünschten Gast war schon auf dem Hallthurmer Berg, als da, wo jetzt eine kleine Eisenbahnbrücke einen schmalen Erdgraben überwindet, eben dieser Stein hinunterpolterte und auf dem Gleis zu stehen kam.

Müßig zu rätseln, ob der Stein nicht besser noch etwas später den Zug und damit auch den Verbrecher getroffen hätte, bevor dieser der Welt seinen fürchterlichen Stempel aufzudrücken vermochte. Berchtesgaden aber entging dank dieses Steins dem Schicksal, für immer und ewig auf unrühmliche Weise mit dem Namen dieses Wolfs in Menschengestalt in Verbindung gebracht zu werden.

Dieser Wolf, so gaben mir erst jüngst meine Quellen preis, soll voller Zorn aus seinem Zugabteil ausgestiegen und nach vorne zu dem Hindernis geeilt sein. Dort angelangt, wäre er hinaufgeklettert und hätte gleich einem Rumpelstilzchen getobt und gebrüllt, dass es eine Schande wäre, dass sich wohl alle und alles seinen Visionen widersetzen wollte.

Und wenn ich zuvor bereits vom Wolf in Menschengestalt sprach, so kann an dieser Stelle nicht unerwähnt bleiben, dass „Wolf" ja auch das von ihm häufig gebrauchte Pseudonym war, unter dem sich dieser Verführer aller Deutschen in Hotels einschreiben ließ. Anfangs, damit er überhaupt ein Zimmer bekam, später, damit ihm seine hysterischen Anhänger nicht zu nahe kamen.

Um all dem gerade von mir Vorgetragenen Rechnung zu tragen, ergibt sich der Logik gehorchend auch schnell die Bezeichnung dieses Findlings – fürderhin sei er uns allen als „Wolfstein" eine ständige Mahnung, dem Schicksal und Gott auch gerade dafür zu danken, was diesem Ort erspart geblieben ist.

Ich danke Ihnen für Ihre Aufmerksamkeit …"

Erst nur vereinzelt, dann sich aber immer mehr ausweitend, setzte alsbald tosender Applaus für die Offenbarung dieser Geschichte aus dem Munde des Leopold Koslowski ein.

Und der Landrat soll dem Bürgermeister zugeraunt haben: „Du bist schon ein Hundling!
Ein Denkmal auf dem einer gestanden hat, der dann gar nicht da war – chapeau, Bürgermeister, chapeau, chapeau!"

Jedenfalls schienen nach dieser Rede die Mundwinkel des Bürgermeisters bis zu den Ohren zu reichen und sich an ihnen auf Dauer festhalten zu wollen.

Die Folgen

Das Sortiment der Postkarten wurde um eine weitere Gattung bereichert. War es bislang allein den Ansichten des Watzmann-Massivs vergönnt, auch ins Sagenhafte erweitert und ausgemalt zu werden, gibt es nun auch solche für den Untersberg. Das zweigeteilte Standardmotiv zeigt auf einem Drittel das Innere des Berges mit Kaiser Friedrich Barbarossa, der sich von einem hilfreichen Geist in seinem legendären Schlaf stören und den bereits sechs Mal um den Tischfuß gewundenen Bart abschneiden lässt. Links davon ist ein Heer nach Zwergenart gewandeter *Untersbergmandl* abgebildet, wie es den Wolfstein im Auftrag des Kaisers auf den das Unheil von Berchtesgaden abwendenden Weg bringt. Die Karte ist nicht nur bei den bereits merklich zunehmenden Touristen ein Renner, sondern auch nahezu alle Einheimischen haben sich inzwischen mindestens ein Exemplar davon zugelegt.

Seither nutzt Leopold Koslowski bei jeder sich bietenden Gelegenheit nur noch Umschreibungen wie „der gefallene Stein“ oder auch der „von Gott“ oder „vom Schicksal“ oder „von Untersbergmandln angeschobene Felsblock“.

Kein Wunder, hat Leopold Koslowski doch die Bildidee für die neuen Untersbergkarten entwickelt und sich dafür das Copyright sichern lassen. Das gilt auch für die Variationen seiner „Nacherzählung“ dieser Legende - einmal in Prosa, einmal in Schüttelreimen -, die bereits in entsprechenden Geschichten- und Gedichtsammlungen der bairischen Sagenwelt Eingang fanden und demnächst wohl auch in Schullesebüchern nachzulesen sind. Die Druckerei des Anzeigers hat zudem ein eigenständiges Bilderbuch zu dieser „Nacherzählung“ Koslowskis angekündigt, für das ein höchst renommierter Illustrator gewonnen worden sei.

Eine erste Klassensatzbestellung seitens der hiesigen Grundschule liegt bereits vor …

***

Die Kioske haben ihr Sortiment erdenklicher und unerdenklicher Souvenirs ebenfalls aufgerüstet. So gab es neben den besagten Postkarten nun auch Exemplare der scheinbar unausrottbaren Schneekugeln, in denen der Wolfstein von weißen Flocken bestäubt werden konnte.

Zum echten Bestseller wurden jedoch alsbald die „Kleinen Wolfsteindl", die als silbergefasste Kieselsteine im Originalfarbton an Halsketten hingen oder in allen Regenbogenfarben an Sammelarmbändern die Arme präpubertierender Mädchen beschweren halfen.

***

Was den Kiosken recht ist, war der Gastronomie nur billig. In den Sommermonaten formten spezielle Löffel *„Wolfstein-Eiskugeln"* in allen Geschmacksrichtungen. Und wer es gerade auch im Winter etwas deftiger haben wollte, konnte sich die von Einheimischen bespöttelten Pseudo-Wolfstein-Semmelknödeln oder auch die *„echten"* Wolfstein-Knödel servieren lassen, die für Kenner aus püriertem *„Züngerl"*-Gewebe geformt wurden und somit dem Farbton seines Vorbildes am nächsten kamen …

Darüber hinaus blieb es der Phantasie jedes Berchtesgadener Speiseplanerstellers überlassen, Kreationen wie *„Wolfstein-Schnitzel"*, *„Wolfstein-Grillplatte"* oder *„Wolfstein-Teller für Veganer"* zu rechtfertigen. Sie alle konnten sich gewiss sein, dass diese Namenskombination allein innerhalb Berchtesgadens seine Anwendung finden durfte – denn dafür hatte der Bürgermeister gesorgt und der Gemeinde das entsprechende Copyright für die zur Marke erhobenen Corporate Identity *„Wolfstein"* in allen Schreibweisen und sonstigen Ausdrucksformen gesichert.

***

Aus dem einstigen Café Waldinger ist das inzwischen aufgestockte *„Café Waldinger am Wolfstein"* geworden.

Seiner Versprechen eingedenk, hat der Bürgermeister persönlich eine mobile Treppe inkl. Schutzgeländer eingeweiht, die während der Öffnungszeiten des Cafés gegen einen Obolus den Aufstieg auf den Wolfstein gewährte und zum Geschäftsschluss ins Entree des Cafés geschoben werden konnte. Zudem war der zum Café gehörenden Konditorei das alleinige Recht zugestanden worden, eine voluminöse Marzipantorte als *„Original Wolfsteintorte"* zu vertreiben.

Der Eigner des Cafés ließ es sich angesichts der in großem Maßstab wachsenden Umsatzzahlen nicht nehmen, in Dankbarkeit zu allen Fest- und Jubiläumstagen dem Gemeinderat drei dieser Torten zukommen zu lassen.

Dass der Berchtesgadener Anzeiger die Bildunterschriften bei solchen Gelegenheiten entsprechend erweiterte, wie z.B. um „Der Bürgermeister beim Anschnitt der *Original Wolfsteintorte* …", war gewiss kein unwillkommener Nebeneffekt.

***

Auf dem Sportplatz soll ab jetzt alljährlich am stets arbeitsfreien und meist wettersicheren Ersten Mai zum *„Wolfssteinweitwerfen"* eingeladen werden. Eine echte Gaudi, die Sportives wie Traditionelles in Einklang zu bringen, und Einheimische wie Touristen ein einander verbindendes Gemeinschaftserlebnis zu verschaffen sucht.

Die Wurfgeschosse zeichnen sich durch eine abgerundete Nachbildung des Wolfsteins aus und kommen in drei Gewichtsklassen zum Einsatz.

Für Untrainierte gibt es Steine in der Touristenklasse mit 5 Kilogramm, darüber hinaus für Damen welche mit 15 Kilogramm und für Herren mit 25 Kilogramm.

Damit die Einheimischen bei einem solchen Wettbewerb nicht unrühmlich vor den Kopf gestoßen werden können, wurden die Lehrkräfte für den Sportunterricht an Berchtesgadener Schulen angehalten, ein entsprechendes Trainingsprogramm in ihren Rahmenplan aufzunehmen. Ergänzt werden diese Bemühungen durch die Vereinsgründung des Wolfstein-Weitwurf-Club Berchtesgaden (kurz: WWC Berchtesgaden), dessen Mitglieder sich mindestens zwei Mal wöchentlich zum Training treffen und im Anschluss an ihrem Stammtisch bereits über Europa- und Weltmeisterschaften dieser neuen Sportart sinnieren.

***

Im Musikantenstadl hatte das dreistrophige *„Wolfstein-Lied“* Weltpremiere – ein weiterer literarischer Geniestreich von Leopold Koslowski. Er wurde mit nachhaltigem Erfolg von *„De Wolfsteiner“* (sic!) zum Besten gegeben. Diese neue *Boygroup* war wiederum Ergebnis eines in der altehrwürdigen Gaststätte *„Neuhaus“* veranstalteten *Castings*. An vier Wochenenden mussten sich gut fünfzig Variationen vor einer ausgesuchten Jury und einem höchst engagierten Publikum dem Wettbewerb stellen. Neben dem sehr breiten Spektrum gesanglicher Qualitäten reichte auch die vorgestellte musikalische Begleitung von der klassischen *Saitenmusi* mit Zither und Hackbrett bis zur bereits in der ersten Runde ausgeschiedenen Techno-Rap-Version. Das siegreiche Quartett legte schließlich Zeugnis eines zeitgemäßen und damit unmissverständlichen Integrationswillens ab: Der Instrumentierung nach einer Rockband gleichend, verstanden es die vier, im sehr soft angerockten Walzertakt den Saal in volkstümliche Schunkelextase zu versetzen. Hinter dem Schlagzeug der Sohn des Bürgermeisters, waren am Bass die Tochter eines „zuagroasten" Berchtesgadener Trachtenvereinsvorsitzen-den und an den Gitarren zwei Musiker aus München, von denen einer stolz auf seine Herkunftsfamilie aus Ghana verweisen konnte. Alle waren bei ihrem Auftritt in rot-weiß karierte Hemden und modisch aufgepeppte Berchtesgadener Lederhosen gekleidet. Besonderer Clou: Neben den wappenbestickten Querriegeln liefen die mit synthetischem Wolfsfell bespannten Hosenträger in täuschend echten Tatzen aus. Mit diesen Tatzen wedelten sie dann beim stets a cappella vorgetragenen Jodlerrefrain *Wu – hu– di – huuu / Wu-hi-du-u-aa …*

Und als nach der letzten Strophe der Stargast Steffl Silbermund auch noch seine Trompete zückte und zum die Melodie aufnehmenden Solo ansetzte, war im Fernsehpublikum kein Halten mehr. Alle sangen gemeinsam erneut die dritte Strophe und endeten in einem dröhnenden „Mein Berchtesgaden bis bald, bis bald!".

Nach diesem Auftritt stiegen die Anfragen nach Unterbringungsmöglichkeiten in Berchtesgaden derart an, dass manche sogar ihre Wohnzimmer räumten, um mit ihnen als Gästezimmer ebenfalls an diesem Aufschwung teilhaben zu können. Einmal mehr nannte der auch zu dieser Fernsehübertragung eingeladene Landrat den Bürgermeister einen „echten Hundling".

Eine Leopold-Koslowski-Ehrenmedaille soll künftig an Personen vergeben werden, die sich auf Koslowskis dialektische Geschichtsbetrachtung verstehen und dem Ort dadurch zu neuen wirtschaftlichen Impulsen verhelfen.

Bislang wurde diese Ehrenmedaille jedoch noch kein einziges Mal verliehen. Nicht, dass sich der Gemeinderat nicht darum bemüht hätte, jemand Preiswürdigen zu finden – selbst posthume Auszeichnungen waren in Erwägung gezogen worden.

So wurde während einer der Gemeinderatssitzungen intensiv „dischkriert", ob sich Berchtesgaden nicht flankierend zur Attraktivität des Wolfsteins auch als „widerständig" profilieren sollte. Aber nachdem der Bürgermeister das ernsthaft in seinem Herzen bewegt hatte, kam er doch zu dem Schluss, dass dafür die Nicht-Verleihung einer Ehrenbürgerschaft an Herrn Wolf oder dessen höchst gewisse Nicht-Ernennung zum Ehrenmitglied des Weihnachtsschützenvereins wohl nicht ausreichen dürfte. Dazu hatte er noch zu gut die Sentenzen seines Großvaters im Ohr, der seinerzeit ebenfalls im Berchtesgadener Gemeinderat saß. Und aus dessen Überlieferungen war glasklar zu schließen, dass es damals nur deshalb nicht zu derartigen Ehrbekundungen an Herrn Wolf kam, weil der Ärger über seinen Nicht-Aufenthalt in Berchtesgaden zu groß war.

Auch dass es in Berchtesgaden keine Pogrome gegen Juden gab, konnte nicht zählen – einfach weil in Berchtesgaden als dem Hauptort der gleichnamigen Fürstpropstei von römisch-katholischen Gnaden nicht einmal eine andere christliche Religionsgemeinschaft geduldet war.

Denn als im Jahr 1788 stolz vermeldet wurde, dass „jeder Schatten von verdächtigem Glauben" aus dem Fürstpropstum verschwunden sei, bezog sich das allein auf die bis dahin vertriebenen Protestanten. Somit haben sich Juden also offenbar zu keiner Zeit - und schon gar nicht auf Dauer - nachweislich in Berchtesgaden niedergelassen oder auch nur zu erkennen gegeben.

Nein, nein, heutzutage im Zeichen des Internets, wo selbst die Doktorarbeiten von verdienten Ministern nicht vor Anwürfen geschützt waren, musste schon nachweislich Dokumentierbares gefunden – oder geschaffen werden.

Die auf ebendieser Gemeinderatssitzung verabschiedete Geheimaktion wäre denn auch tatsächlich preiswürdig gewesen, hätte sie nicht sicherheitshalber selbst dem Landrat verschwiegen werden müssen – obwohl der gewiss dem Bürgermeister dafür erneut ein augenzwinkerndes „Hundling" attestiert hätte.

Aber die „unbekannten" Aktionisten, die sich als vorgebliche Mitglieder einer rechtsextremen Parteigruppierung vor dem Wolfstein mit „Herr Wolf lebe hoch!"–Rufen postiert hatten, mussten unbedingt unbekannt bleiben. Ausstaffiert in den für solche Schreihälse üblich dunklen Uniformen und die Gesichter mit Tarnfarbe beschmiert, vermochte sogar der eigens mit Tipps angereicherte Journalist von der Süddeutschen deren Namen nicht zu recherchieren. Denn nachdem die Aktion als ausreichend dokumentiert angesehen war, ließen sich die Aktionisten erstaunlich friedlich und ohne weitere Verbalausfälle von den Beamten der Berchtesgadener Marktpolizei festnehmen. Und nach Aufnahme der ihnen durchaus bekannten Personalien ließen die braven Beamten sie wieder frei. Mit gereinigten Gesichtern und in Rucksäcken mitgebrachter Zivilkleidung durch den Hinterausgang. Eine Maßnahme, die später mit dem Alter der Betroffenen und dem deshalb zur Geltung kommenden Jugendschutz begründet wurde.

Auf diese Weise wurden mindestens zwei Fliegen mit einer Klappe geschlagen. So war einerseits bei der davon angesprochenen, zahlenmäßig nach wie vor nicht zu unterschätzenden Minderheit die Aufmerksamkeit für den Wolfstein geweckt und seine „Authentizität“ nachgerade bewiesen worden. Zugleich aber hatte die reibungslose Verhaftung solch „abseitig demokratischer Elemente“ für einen weiteren weißen Fleck in der Geschichtsbetrachtung Berchtesgadens gesorgt. Darauf noch als Sahnehäubchen die später breit gestreute Verlautbarung, wonach die zuvor „irregeleiteten jungen Menschen“ inzwischen mit großem Eifer die Sozialdienste abgeleistet hätten, zu denen sie wegen ihrer „Schandtat“ verurteilt worden seien.

Eine demokratisch-kommunale Meisterleistung, die sich sogar noch für die Bewerbung um eine Winterolympiade auszahlen könnte. Alles höchst dialektisch – aber leider, leider eben nicht mit einer Ehrenmedaille auszuzeichnen.

Die Dokumentation

Im Rathaus wurde das Entree mit Vitrinen ausgestattet, die erste Sammlungstücke um den „Wolfstein“ vorstellen. Würde sich dazu im Lauf der nächsten Jahre und Jahrzehnte noch mehr ansammeln, gibt es bereits erste Vorplanungen für ein „Dokumentations-Center“, das möglichst unweit einer Naturschönheit angelegt werden sollte - eingedenk des neuen Bürgermeister-Mottos: „Einmal vor Ort, sollten Touristen stets die Gelegenheit haben, auch der Kultur Tribut zu zollen - und Eintritt zahlen!“

Erst konnten nur die Einheimischen notwendige Behördengänge mit einer Erweiterung ihres heimatlichen Geschichtshorizontes verbinden. Aber damit sich endlich auch für Touristen eine solch notwendige Verknüpfung ergab, wurde im Rathaus eine Dependance der Kurverwaltung eingerichtet. Neben dem Angebot von Werbebroschüren und Wanderkarten sind hier auch gegen geringes Entgelt Audiogeräte mit Kopfhörern auszuleihen, die beim Drücken der entsprechenden Nummern die in den Vitrinen ausgestellten Exponate erläutern. Derzeit nur auf Deutsch und Englisch, aber weitere Übersetzungen sind bereits in Vorbereitung.

Eröffnet wird die Schau mit Foto- und Pressedokumenten, die mit Schwerpunkt auf die Einweihung des Wolfsteins aber auch die Verhaftung der „abseitig demokratischen Elemente“ mit ihm im Hintergrund nicht ausgeklammert.

Die Leopold-Koslowski-Vitrine für den inzwischen auch in Berchtesgaden allseits beliebten Autor prunkt mit jener Medaille, die sein markantes Profil zeigt und zusammen mit der Dotation eines ansehnlichen Geldpreises hoffentlich demnächst an würdige Preisträger vergeben werden kann.

Darum herumgruppiert sind seine Buchveröffentlichungen, darunter natürlich auch ein Bilderbuchexemplar seiner *„Wolfsteinlegende"* und der auf Büttenpapier von Koslowski selbst mit Redisfeder aufgetragene Text des *„Wolfstein-Liedes"*. Anbei noch Tonträger und Download-Adressen von der *„De Wolfsteiner"*-Fassung sowie einer a cappella Choraufnahme eines Verbundes der „Berchtesgadener Singschule" und des Stiftskirchenchores, deren Leiter das Lied sogar vierstimmig zu setzen und damit auch für den Musikunterricht der Region eine weitere Herausforderung zu stiften wusste.

Eine Vitrine ist den hiesigen Schulen vorbehalten, die mindestens einmal jährlich klassenstufenübergreifend das Thema Was-wäre-wenn-ER-doch-nach-Berchtesgaden-gekommen-wäre kunstbildnerisch umzusetzen haben. Neben Bleistiftzeichnungen und Wasserfarbenbildern ist hier auch Platz für kleinere Pappmodelle, die z.B. jenen phantastischen Aspekt der Einweihungsrede von Leopold Koslowski weiterführen und in nahezu jeden Berg des Talkessels Fahrstühle innerhalb und außerhalb zeigen – ein anonym bleiben wollender Pädagoge hat dazu angemerkt, dass die Häufung dieser Art von Modellen womöglich auch mit den, der Jahreszeit entsprechend, meist kurz zuvor anberaumten Wandertagen in die Bergwelt zu tun haben könnte.

Der WWC Berchtesgaden hat die jeweils für den nächsten Wolfstein-Weitwurf-Wettbewerb gedachten Pokale und Urkunden als Leihgabe zur Verfügung gestellt. Hier finden sich auch aus den vergangenen Jahren Listen mit den Siegerweiten in den unterschiedlichen Stein-Gewichtsklassen sowie Zeitungsausschnitte der meist regionalen Printmedien. Es gab dazu zwar auch schon Kommentare in überregionalen

Presseerzeugnissen wie dem SPIEGEL-Magazin – aber über dessen launigen Kommentar muss sich erst noch eine eigens vom Gemeinderat dafür berufene Kommission ein Urteil bilden. Bei dieser bayerischer Politik meist eher fern stehenden Postille weiß man ja nie, ob hinter Überschriften wie „Eine neue Sportart, die kein Gras mehr wachsen lässt!" nicht doch nur reine Gegenpropaganda steckt.

Etwas abseits davon stehen in einer Nische hintereinander zwei Klappholzbänke vor einer Filmleinwand. Ein Beamer projiziert auf sie als Endlosschleife die Höhepunkte der Einweihungsfeierlichkeiten des „Wolfsteins" sowie den zugehörigen Ausschnitt aus dem Musikantenstadl – die jeweiligen Originaltöne sowie eine erste Synchronisation der Rede auf Englisch können ebenfalls dank einer speziellen Infrarotanpassung über die am Eingang auszuleihenden Wiedergabegeräte gehört werden. DVDs dieser Übertragungen sind am Eingang zu erwerben.

Und am Ende …

… ist ja doch gewiss, dass nichts so bleibt, wie es ist.

Ein Stein, noch dazu in den Ausmaßen des Wolfsteins, ist in sich ein viel zu großer Anstoß, als dass er nicht auch Widerstände auslösen würde. Wenn nicht gleich, dann eben später - womöglich auch erst sehr viel später.

So könnte sich der für die Bedeutung des Wolfsteins bemühte Kaiser Barbarossa durch den heftig angewachsenen Verkehr am Hallthurmer Berg in seiner Ruhe alsbald nachhaltig gestört sehen. Er würde dann das Heer seiner Untersbergmandl ausschicken, um den Stein in der Geisterstunde mit vereinten magischen Kräften vom Platz zu stemmen und zuletzt in eine noch unbekannte Höhle des Untersbergmassivs poltern zu lassen. Mag sein, dass dabei auch noch der Teufel samt seiner „Wilden Jagd" mitmischen und für einigen aufgewirbelten Staub sorgen würde.

Oder es stellt sich heraus, dass der prominent gewordene Platz des Wolfsteins sich als höchst nachgiebig erweist. Genauer gesagt, sein Untergrund. Sollte das Tonnengewicht keinen Meter über der Kanalisation zu liegen gekommen sein, könnte das auf Dauer schief gehen, vielmehr der Stein nach unten krachen. Umspült von den Ausscheidungen der zentral im Markt wohnenden Berchtesgadener und ihren Gästen, würde der Wolfstein die bevorzugte Farbe seines Namenspaten annehmen und zusammen mit den geruchsbildenden Anhaftungen unisono als ein „Sch…trum" betitelt. Sich auszumalen, wie der Stein wieder gehoben würde oder ob die Entscheidung anstünde, ihn dort zu belassen und um ihn herum neue Rohre zu verlegen, daran mag sich ein anderer versuchen. Aber eigentlich ist es ja kaum denkbar, dass am Ende alles eingeebnet und der Stein von neuen Fußgängerzonenplatten überdeckt würde. Oder womöglich von einem Brunnen, der als unschuldiges Mägdelein gestaltet, sauberes Berchtesgadener Wasser aus einer Gieskanne vergösse.

Weniger eine Naturgewalt aber von nicht minderer Kraft könnte auch die Missgunst sein. In einer Gegend, in der zuweilen als Maibäume gedachte Holzstämme entwendet und nur gegen reichliches Lösegeld in nach Hektolitern bemessenen Biermengen ausgelöst werden, mag es auch sein, dass eine Nachbargemeinde, die sich durch den Wolfstein ins Hintertreffen geraten sähe, einen analogen Kurzschluss zöge. In der dreisten Variante würde der Wolfstein einen neuen historischen Platz direkt an der Seelände vom Königssee finden, in der rachsüchtigeren und weit teurer zu stehen kommenden Verbrannte-Erde-Variante würde der Wolfstein durch ein extra angemietetes Spezialboot über der tiefsten Stelle des Sees ins Wasser gekippt. Aber so weit von den Berchtesgadenern entfernt wären die ja nur zum Beispiel angeführten Königsseer auch nicht, als dass sie sich aus schierem Neid um eine solche Attraktion bringen würden. Also käme es gewiss zu zwischengemeindlichen Verhandlungen oder auch handfesten Auseinandersetzungen – jedenfalls zu irgendetwas, das am Ende dank gegenseitiger Verrechnungen und Ausgleichszahlungen womöglich ein zentrales, allen benachbarten Gemeinden dienendes Kur- und Kongresshaus in der Nähe des dann vormaligen *Wolfsteinplatzes* finanzieren helfen würde. Und das ließe sich wiederum in eine weitere Geschichte verdichten und der Erkenntnis Rechnung tragen:

„Wen Gott lieb hat, den lässt er fallen in dieses Land!“

Anhang

Wolfstein-Lied

Mit freundlicher Genehmigung seines geistigen Urhebers Leopold Koslowski nachfolgend der vollständige Text des „Wolfstein-Liedes“, dem er an dieser Stelle noch das Motto vorangestellt zu sehen wünschte:

„Zur Anregung und Mahnung,
sich jederzeit und mit allen Mitteln der Geschichte zu vergewissern.“

1. Kennst du den einen, den Stein mit Gewicht?
der für Berchtesgaden so tiefsinnig spricht!
Umrahmt von Bergen, so friedlich und still.
Ja so steht der Wolfstein mit seiner Geschicht,
Ja so steht der Wolfstein mit seiner Geschicht

Refrain: Wu - hu- di - hu .....
Wu - hi - du - ua .....
im schönen Berchtes-gaaa-den!

2. Es gibt so vieles, in Berchtesgaden so schön.
Viel Sonne statt Regen dank sakrischem Föhn
Und mancher wünscht sich, er wär’ immer hier.
Bei einem Madal und einer halben Bier,
Bei einem Madal und einer halben Bier,

Refrain: Wu - hu- di - hu .....
Wu - hi - du - ua .....
im schönen Berchtes-gaaa-den!

3. Und ist der Urlaub dann wieder aus,
dann nimmt man Abschied, und fährt nach Haus.
Man denkt an den Wolfstein, und es laut erschallt
Mein Berchtesgaden bis bald, bis bald
Mein Berchtesgaden bis bald, bis bald

Refrain: Wu - hu- di - hu .....
Wu - hi - du - ua .....
im schönen Berchtes-gaaa-den!

Wie alles begann …

Dialogausschnitt im Originalton

„Is scho bleed …"
„Was ist blöd?"
„Wenn da Dings wenigstens einmal bei uns gwen war."
„Dabei hätt er sich bei uns sogar mit vollem Namen einschreiben können."
„Oba nicht einmal als Wolf is er kemma, gekommen."
„Und? Was wäre dann groß anders?"
„Bist damisch? Des waa, das wäre aber schon ein solcher Unterschied, aber schon ein solchana!"
„Du meinst …"
„I sog bloß: Amis und Japaner!"
„Was sollten die extrigst deswegen bei uns wollen?"
„Des Anschauen, wo er dann gewesen wäre. Vielleicht wie bei der Berliner Mauer: Stückerl vo de Wänd vo dem Haus kaufen, in dem er gwohnt hätt, oder so …"
„Vo de Hauswänd? Täten die dann nicht irgendwann zusammenfallen?"
„Des waan doch dann scho Ru-iii-nen, du Depp!"
„Wega wos? Wega de Hauswandspecht?"
„Na, wegen de Amerikaner!"
„Wega de Amerikaner?"
„Jo freili, im Krieg hätten die des doch zerbombt!"
„Dann is doch guat, dass er net do war!"
„Wega dem oan zerbombten Haus?"
„Wieso nur einem Haus?"
„Ach, du meinst …"
„Jo eh …"
„Aber wieso sollten die das tun?"
„Nicht nur das eine Haus zerbomben?"
„Ist des im Krieg net a so?"

„Wos?“
„A so a Bombn trifft doch meistens net bloß oa Haus, oder?“
„Jo eh …“
„Und wer sagt, dass de nur eine Bombe geschmissen hätten? In München war's ja auch net nur eine.“
„Ja, in München …“
„Wos soll'n des scho wieda heißen?“
„Wir san hier ja eher net in München …“
„Und?“
„Nix und! Bei unseren schönen Bergen, unserer guten Luft und dem sauberen Wasser hätten die gwiss nicht mehr als eine Bombe fallen lassen.“
„Jo eh …“

Von wegen, alles Fiktion

Erfolgreich abgewehrt …

Wie sehr und wie lange schon, trotz aller gegenteiligen Behauptungen, Berchtesgaden für Touristen auch deshalb zum Ziel wurde, weil sie den Ort mit der einstigen Wirkungsstätte Adolf Hitlers in Verbindung brachten, mag an dieser Stelle eine kleine aber wahre Geschichte illustrieren, die sich etwa Anfang der 1980er ereignete und von mehreren Ortsansässigen bezeugt wird.

Seinerzeit hatte sich bei einem jener Zeitzeugen mehrere Male ein Friseurmeister aus Baden-Württemberg einquartiert. Eingedenk seiner Persönlichkeitsrechte sei er hier „Herr Maierle" genannt, denn dieser Pensionsgast kam nicht als Tourist, um Berchtesgadens schöne Berge, die gute Luft und das saubere Wasser zu genießen.

Von Natur aus mit ihm ähnlichen Gesichtszügen versehen, bedurfte es nur noch eines sattsam bekannten Haarschnitts und des an sich selbst problemlos handwerklich akkurat ausrasierten Bärtchens, um nun auf geradezu verblüffende Weise zum Spiegelbild Adolf Hitlers zu werden.

Derart zugerichtet und zudem noch angetan mit einem „braunen Rock" im Look der „Bewegung", machte sich Herr Maierle zum Kehlstein auf. Bekanntermaßen wird dessen Gipfel nach Entrichtung der Mautgebühr von einer einzigen Buslinie angefahren, die zwischen „Hintereck" unweit des heutigen Dokumentationszentrums und dem Eingangstunnel zum im Gipfelinneren installierten Lift pendelt. Und egal, ob einer, wie die meisten, den Lift für die letzten Höhenmeter von und zum Kehlsteinhaus nutzt oder den gemächlich an- bzw. absteigenden Serpentinenweg beschreitet, diese Gipfelhaltestelle bildet dafür einen unausweichlichen Knotenpunkt.

Und da stand nun Herr Maierle. Keineswegs stocksteif, sondern immer wieder gestikulierend nach Art der überlieferten Bilder in der einstigen Wochenschau. So wies unverhofft sein gereckter Arm in einem weiten Bogen über das scheinbar von ihm zu erobernde Panorama oder die Hand daran ballte sich zur Faust, schlug sich damit wie seiner selbst vergewissernd gegen die Brust, um alsbald himmelwärts zu dräuen, auf dass auch dem lieben Gott angst und bange würde. Und zu all dem ließ Herr Maierle ein halblautes Stakkatogemurmel vernehmen, das, wiewohl völlig sinnfrei, offenbar nicht wenigen Touristen einen Glanz in die Augen zauberte. Insbesondere Amerikaner und Japaner sollen sich immer wieder gern um ihn geschart haben, um ein Foto von ihm zu machen. Herr Maierle zeigte sich da auch gar nicht unwillig und nahm dafür stets leise dankend ein mehr oder weniger hohes Trinkgeld entgegen. Und jenen Unglücklichen, die ohne Fotoapparat zugegen waren, wusste er Farbaufnahmen von sich in Adolf-Montur hinzuhalten, die er auf der Vorderseite mit seinem Nachnamen signiert hatte und auf der Rückseite mit dem Hinweis: „Bin 4 Jahr Arbeitslos und habe kein Geld“, dem wiederum die eingestempelte Postanschrift folgte.

Diese aberwitzige wie geschmacklose „Performance“, die offenbar ja auch auf ein ebenso geschmackloses Publikum traf, wurde erst nach einer geraumen Weile durch die Berchtesgadener Kurdirektion beendet. Da das Kehlsteinhaus samt Anfahrtsweg und Haltestellen seit der bayerischen Gebietsreform von 1972 in ihre Zuständigkeit fällt, hatte sie Herrn Maierle dann ein immerhin sofort wirksames „Hausverbot“ ausgesprochen, das in Schriftform auch allen Dienstleistern im Umfeld des Kehlsteinhauses zur Kenntnis gegeben worden war.

Und? War das nun ein Anlass, sich öffentlich über den Anteil eines in Berchtesgaden nach Spuren einstiger Nazigrößen suchenden Tourismus zu diskutieren? Oder gar etwas anzudenken, das im Hinblick auf die Naziopfer erst ein weiteres Vierteljahrhundert später in dem 1999 errichteten Dokumentationszentrum seinen Ausdruck fand?

Von wegen!

Denn wiewohl die Berchtesgadener Kurdirektion als zahlungskräftiger Werbekunde mit dem Berchtesgadener Anzeiger als einzigem Presseorgan des Ortes auch damals schon in regem Kontakt stand, war im Anzeiger über dieses Ereignis keine einzige Zeile nachzulesen. Und auch sonst nirgendwo. Was hiermit nachgeholt sei, heißt es doch:

Ehre wem Ehre gebührt!

Im besten Fall ...

... endet die Geschichte und setzt im Kopf neue Bilder frei. Dies als Autor bei Fremden zu versuchen, ist keine geringe Herausforderung. Den eigenen Bruder damit zu einer regelrechten Bilderflut anstiften zu können, ist ein Grund zur „sakrischen" Freude – noch dazu, wenn er schreibt:

Seitdem „Herr Wolf
niemals nach Berchtesgaden kam",
will das Ortsbild aus den Rahmen fallen,
Dinge federleicht zusammenprallen,
die mal wilder,
dann ganz zahm,
nie zuvor zusammenkamen.

Nachfolgend eine weitere Auswahl seiner Bilder aus diesem Zyklus, die allesamt auch gleich wieder neue Geschichten freisetzen …

[Von Seite 58 bis 68 das Buch bitte für die Querformate drehen.]

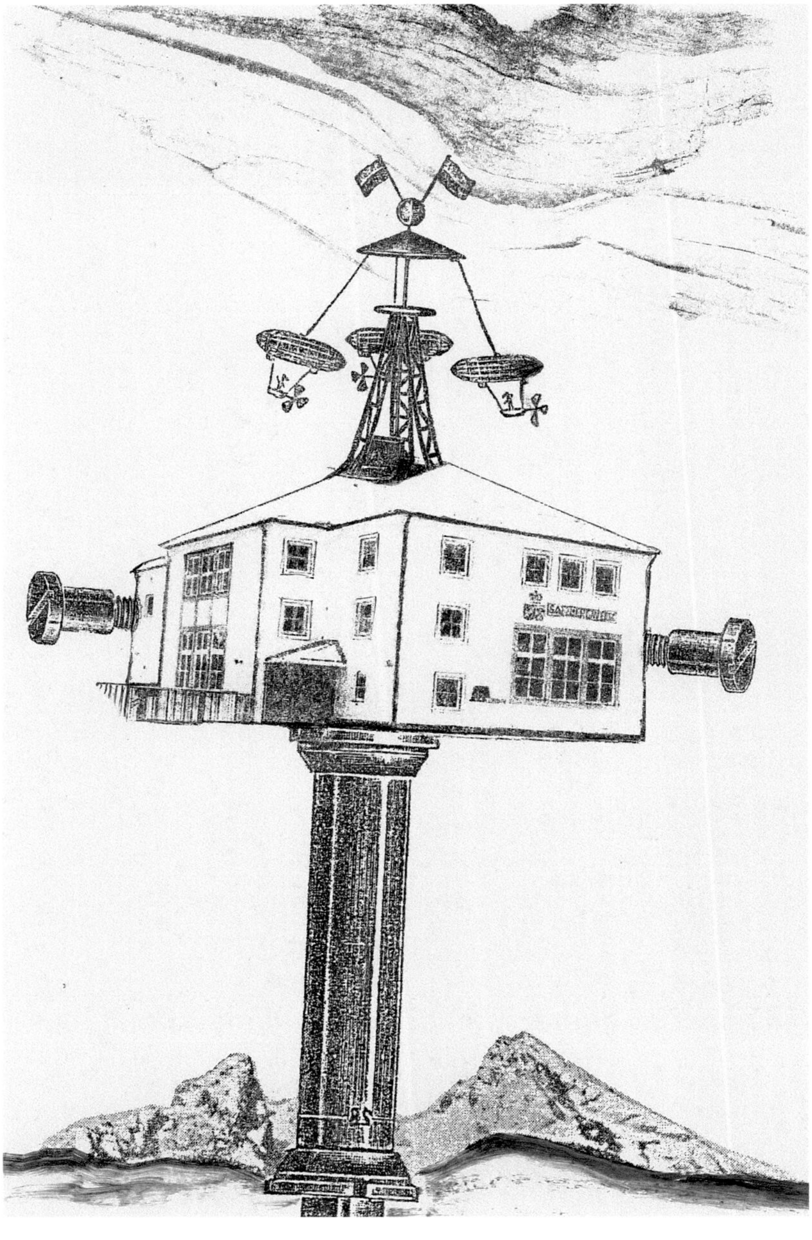

KEIMLING

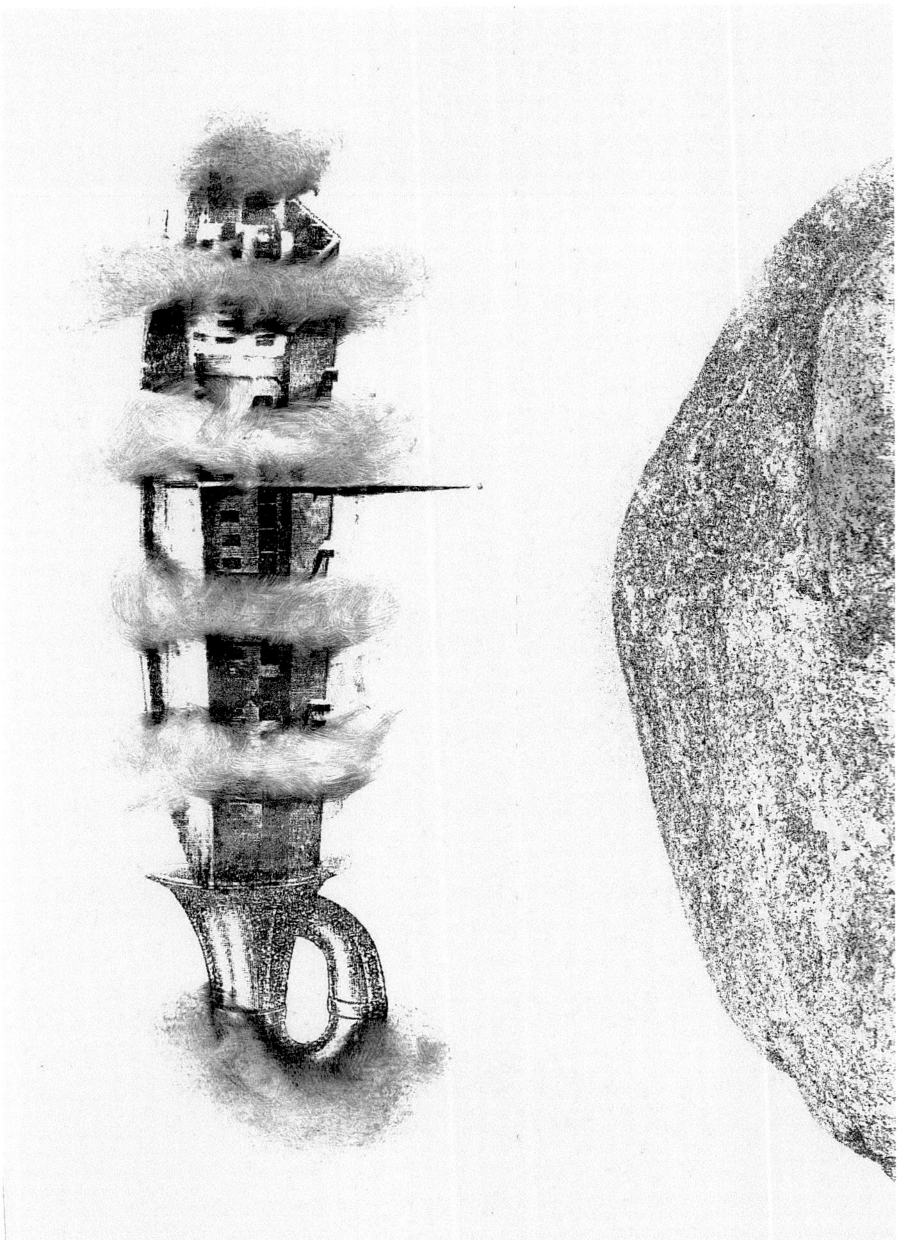

Zu den Bildern

Den Bildern im Buch liegen Originalgrafiken von Peter Karger zugrunde, die als Lichtbild-Montagen mit malerischen Verwischungen und Bleistift gestaltet wurden.
Kompositorische Elemente der Bilder sind unter anderem Gebrauchsgegenstände aus den 1920er Jahren in der Darstellungsweise der damaligen Zeit.
Alle Bilder ohne *„Titel"* haben auch keinen Titel!
Doch zur Orientierung oder/und zum Wiedererkennen werden nachfolgend für alle Bilder die darin verfremdeten Berchtesgadener Gebäude, Straßen und Plätze aufgelistet, sofern sie nicht bereits in den Titeln benannt sind.

S. 8 - *„Sehnsuchtsort Hauptbahnhof"*
S. 14 - *„Das mobile Rathaus"*
S. 18 - Maximilianstraße
S. 24 - *„Gut geschmiert"*, Tankstelle am Luitpoldpark
S. 30 - Stiftskirche
S. 33 - Ganghoferstraße
S. 37 - *„Traum der Breitwiesenbrücke"*, Maximilianstraße
S. 45 - *„Hört die Signale"*, Königliches Schloss
S. 48 - *„Föhnstimmung am Kehlsteinhaus"*
S. 50 - *„Bettenhaus in der Ganghoferstraße"*
S. 51 - *„Lenker und Sattel"*, Nonntal
S. 52 - *„Karussell"*, Salzbergwerk
S. 53 - *„Herkules-Säulen"*, Kurhaus an der Bahnhofstraße
S. 54 - *„Verkehrsberuhigung am Schlossplatz"*
S. 55 - Sparkasse in der Maximilianstraße
S. 56 - *„Geisterfahrer im Nonntal"*
S. 57 - *„Abgehobene Villa"*, Marienfels
S. 58 - *„Dreirad beim Finanzamt"*, Salzburgerstraße
S. 59 - *„Erste Solar-Brauerei"*, Hofbrauhaus

S. 60 - „*Pflegefall Altes Krankenhaus*“, Doktorberg
S. 61 - „*Neue Attraktion Stadtgraben*“, Metzgerstraße
S. 62 - „*Verkehrsüberwachung am Solekurbad*“
S. 63 - „*Es gibt kein schlechtes Wetter!*“, Markplatz
S. 64 - Hotel Wittelsbach, Maximillianstraße
S. 65 - Notariat in der Ganghoferstraße
S. 66 - „*Lichtspiele am Franziskanerplatz*“
S. 67 - „*Raserei eines Schöngeistes*“, Königliche Villa
S. 68 - „*HeimatAbend in der Stanggaß*“, Ehem. Reichskanzlei

Cover: „*Tue Gutes und verlautbare es!*“, Rathaus

Neugierig geworden auf andere Werke von Peter Karger?
Interesse am Kauf einer Originalgrafik zum Buch?
Anschauen kostet nichts …

Galerie Ganghof

Ludwig-Ganghofer-Straße 11
83471 Berchtesgaden
☎ 08652-62447
peter_karger@t-online.de
www.salz-der-heimat.de

Edition Gegenwind / Reihe Belletristik
Eine weitere Neuerscheinung in 2012

Ulrich Karger
Kindskopf – Eine Heimsuchung
Novelle. 92 Seiten. Tb-Neuausgabe
Ed. Gegenwind (BoD), Norderstedt 2012.
8,99 €, ISBN 978-3-8448-1262-6

„Ulrich Karger und der deutsche Süden – eine unerhörte Begebenheit! Nichts für postmoderne Kindsköpfe."
Klaas Huizing

„Bücher können wie Spiegel sein – man blickt hinein und entdeckt sich selber. Ein solches ganz unprätentiöses Buch ist Ulrich Kargers Novelle ‚Kindskopf'."
Hans Mendl, Katechetische Blätter

Edition Gegenwind / BoD

Belletristik

Ulrich Karger, Peter Karger

- Herr Wolf kam nie nach Berchtesgaden.
  Ein Gedankenspiel in Wort und Bild, 2012

Ulrich Karger

- Kindskopf – Eine Heimsuchung. Novelle, 2012
- Vom Uhrsprung und anderen Merkwürdigkeiten.
  Märchen und Parabeln, 2010

Kinderbuchreihe Vor- und Selberlesen

Gabriele Beyerlein

- Bea am anderen Ende der Welt. Ab 8 Jahren.
  Mit Illustrationen von Iris Hardt, 2012
- Ilo und die Keltenfürsten. Ab 8 Jahren.
  Mit Illustrationen von Tilman Michalski, 2012
- Lara und das Geheimnis der Mühle. Ab 6 Jahren.
  Mit Illustrationen von Susanne Smajić, 2011

Ulrich Karger:

- Dicke Luft in Halbundhalb. Ab 5 Jahren.
  Mit Illustrationen von Hans-Günther Döring, 2011

Aktuelle und ausführliche Informationen zum Programm der Edition Gegenwind finden Sie im Internet unter:

www.edition-gegenwind.de.vu